PENUMBRA

PENUMBRA

PAULO NOZOLINO

Scalo Zurich – Berlin – New York

Translation ● Traduction ● Übersetzung:
into German: Miriam Wiesel, into French: Elisabeth Brungger
Design ● Conception graphique ● Gestaltung:
Hans Werner Holzwarth, Berlin
Production ● Herstellung: Steidl, Göttingen

© 1996 for the photos ● pour les photos ● für die Fotos: Paulo Nozolino
© 1996 for the text ● pour le texte ● für den Text: Paulo Nozolino
© 1996 for this edition ● pour cette édition ● für diese Ausgabe:
Scalo Zurich – Berlin – New York,
Head Office: Weinbergstrasse 22a, CH-8001 Zurich/Switzerland,
phone 411 261 09 10, fax 411 261 92 62
Distributed in North America by D.A.P., New York City,
in Europe and Asia by Thames and Hudson, London,
in Germany, Switzerland and Austria by Scalo

First Edition ● Première Edition ● Erste Auflage 1996
ISBN 3-931141-32-2
Printed in Germany

For Caroline
and our children ● et nos enfants ● und unsere Kinder,
Dune, Miguel and Shona

The first time I set foot in Tangier I knew.

Feeling the hot wind, facing the blinding light, stepping on dusty ground—those were my first impressions. As the days progressed I felt that something deep inside was awakening and I felt strangely serene. Old images from the past would crawl back to my mind as I watched people in the streets. I had never lived among them but seemed to have known them for years. I took this recognition of the unseen as a sign not to be ignored and I began looking for clues in every face, every wall and every detail...

One night in Casablanca, wandering through a half-lit street market I saw a man standing alone in a worn-out suit. I stopped to look at him and what he was selling. His eyes showed all the signs of sad dignity and at his feet, on the ground, there was a dirty white handkerchief and four small stones, one in each corner, preventing it from being stolen by the wind. In the middle lay his merchandise: two rusted screws and a shiny bolt, carefully disposed in the shape of a pyramid. I feared that by raising the camera to my eye everything I was feeling would be spoiled, so the vision of that scene must remain etched in my memory forever.

I don't know why I kept going to those places. In Portugal, everything I said about what I had seen seemed to raise no interest in listeners. But then again how could it, indoctrinated as they had been by the Catholic Church and handicapped by forty years of fascism? They were still dwelling on the resent-ment of a battle from the past, fought and lost somewhere on the plains of K'sar el-Kbir. Worst of all they were still waiting for the return of the young dead king killed by the infidels.

Maybe that's why I kept going to those places. I felt, in some way, like an infidel. Estranged from my country, my language, my past.

Of my homeland only childhood remained, and even that was lying at the bottom of a drawer in my parent's house, in the form of family albums. Deadly memories. Faces, dates and places carefully pasted together for posterity. If only they could sell their cars and TV's with the same humility as the man with his rusted screws...

By then I knew that all I cared about was to distill the essence of it all. The spirit of the place was dust incarnate. It lay on boots after a day's walk in the desert. The silence of desolation.

Each time I left, my bag would get lighter. Each time I came back, my soul would be filled with richer imprints.

By now I was living in a different country, strangely enough with a woman born in Casablanca. And again I felt in people's talk fear and racism towards the Arab world I had learned to love. I knew they were still dwelling on past wounds, Algeria, massive immigration and terrorism, and they had not seen the man with the dirty white handkerchief...

I felt I was sometimes walking a tightrope above reality and politics. Alone. I could not speak a word of Arabic but that had never been a problem. Eye contact replaced it and that was what mattered. Men looking at each other straight in the eye. Accepting the differences. Being equal. Sharing transport, food, water and cigarettes.

I had seen the beauty of Giza and the magnificence of the Ar Rub' al-Khali. Had wandered through the souk of Aleppo and experienced the roughness of the Wadi Rum. Had drunk in the oasis of Seiyun and made promises to the full moon over the Hadhramaut. I felt I could have gone on and on to the point of committing suicide in the landscape.

One day in Shibām, I entered a tea house to escape from the heat. I had been sitting for a while thinking about what direction to take when a man came in and sat at the opposite table. We looked so much alike that I felt I was seeing my own reflection in a mirror.

I thought about the man in Casablanca, twelve years ago.

The same look in the eyes, the same quiet desperation.

The circle was complete. My quest was over. I raised the camera to my eye. Nothing could spoil anything anymore.

I knew then I had long ago ceased to be an infidel and that it was time to go home and make peace with old ghosts.

La première fois que j'ai posé mon pied à Tanger, j'ai su.

Le vent chaud sur ma peau, la lumière aveuglante dans mes yeux, le sol poussiéreux sous mes pieds – telles étaient mes premières impressions. Ensuite, au fil des jours, j'ai deviné que quelque chose de profondément enfoui en moi était en train de s'éveiller et je me suis senti curieusement serein. De vieilles images du passé affluaient dans ma mémoire pendant que j'observais les gens dans la rue. Je n'avais jamais vécu parmi eux, mais j'avais l'impression de les connaître depuis des années. J'ai pris cette reconnaissance de l'inconnu pour un signe à ne pas ignorer et j'ai commencé à scruter tous les visages, tous les murs et tous les détails pour y trouver un indice...

Une nuit à Casablanca, en déambulant dans une rue marchande faiblement éclairée, j'ai vu un homme vêtu d'un costume élimé qui se tenait là, debout, seul. Je me suis arrêté pour le regarder et voir ce qu'il vendait. Ses yeux exprimaient toutes les marques d'une dignité désenchantée et à ses pieds, sur le sol, était étendu un mouchoir blanc tout sale, retenu par quatre petits cailloux, un dans chaque coin, pour empêcher que le vent ne l'emporte. Et au milieu était étalée sa marchandise: deux vis rouillées et un boulon brillant, soigneusement disposés en forme de pyramide. J'avais peur qu'en portant l'appareil photo à mes yeux, tout ce que je ressentais allait s'effacer; dès lors, la vision de cette scène devait rester à jamais gravée dans ma mémoire.

Je ne sais pas pourquoi je continuais à aller dans ces endroits. Au Portugal, tout ce que je racontais sur ce que j'avais vu semblait laisser mes interlocuteurs indifférents. Mais en effet, comment pouvaient-ils s'y intéresser, indoctrinés comme ils l'étaient par l'Eglise catholique et accablés par quarante ans de fascisme? Ils étaient toujours habités par le ressentiment d'une bataille qu'ils avaient livrée et perdue quelque part dans les plaines de K'sar el-Kbir.

Et le pire était qu'ils attendaient toujours le retour du roi mort jeune, tué par les infidèles.

C'est peut-être pour cela que je continuais à aller dans ces endroits. Je me sentais moi-même, en quelque sorte, comme un infidèle. Etranger à mon pays, à ma langue, à mon passé.

De ma patrie, seule mon enfance est restée, et même celle-ci gisait au fond d'un tiroir de la maison paternelle, sous forme d'albums de famille. Des mémoires mortelles. Des visages, des dates et des endroits soigneusement agglutinés pour la postérité. Si seulement ils pouvaient vendre leurs voitures et leurs postes de TV avec la même humilité que l'homme aux vis rouillées...

J'avais compris alors que tout ce qui m'intéressait était de distiller l'essence de tout cela. L'esprit de l'endroit était poussière incarnée. Il se retrouvait sur les bottes après une journée de marche dans le désert. Le silence de la détresse. A chaque fois que je partais, mon sac devenait plus léger. Et à chaque fois que je revenais, mon âme était remplie d'empreintes plus riches.

Entre-temps, je vivais dans un autre pays, assez curieusement avec une femme née à Casablanca. Et à nouveau je ressentais dans les paroles des gens la peur et le racisme envers le monde arabe que j'avais appris à aimer. Je savais qu'ils étaient toujours obsédés par les blessures du passé, l'Algérie, l'immigration massive et le terrorisme; et ils n'avaient pas vu l'homme avec le mouchoir blanc tout sale...

Je sentais que parfois je marchais, tel un funambule, sur une corde raide au-dessus de la réalité et de la politique. Seul. Je ne parlais pas un seul mot d'arabe, mais cela n'avait jamais été un problème. L'échange des regards le remplaçait et c'était cela qui comptait. Des êtres humains qui se regardent droit dans les yeux. En acceptant leurs différences. En étant égaux. En partageant les transports, la nourriture, l'eau et les cigarettes.

J'avais vu la beauté d'El Gîza et la splendeur de l'Ar Rub' al-Khali. Je m'étais promené dans le souk d'Aleppo et j'avais connu l'aridité du Wadi Rum. J'avais bu dans l'oasis de Seiyun et adressé des voeux à la pleine lune au-dessus de l'Hadhramawt. J'avais senti que je pourrais continuer et continuer jusqu'au point de me suicider dans ce paysage.

Un jour, à Shibām, je suis entré dans une maison de thé pour échapper à la chaleur. J'étais assis là depuis un moment en réfléchissant à la direction à prendre lorsqu'un homme est entré et s'est assis à la table en face. Il y avait, entre lui et moi, une ressemblance telle que j'avais l'impression de voir mon propre reflet dans un miroir.

J'ai pensé à l'homme de Casablanca, douze ans plus tôt.

Le même regard dans les yeux, le même désespoir placide.

La boucle était bouclée. Ma quête était terminée. J'ai porté l'appareil photo à mes yeux. Désormais, plus rien ne pouvait effacer quoi que ce soit.

Alors j'ai su que depuis longtemps, j'avais cessé d'être un infidèle et qu'il était temps de retourner chez moi et de faire la paix avec les vieux fantômes.

Schon beim ersten Mal, da ich Tanger betrat, wußte ich es. Ich spürte den heißen Wind, schaute ins blendende Licht, trat auf staubigen Boden – das waren meine ersten Eindrücke. Mit den Tagen spürte ich tief in mir etwas erwachen, und ich fühlte mich merkwürdig heiter. Alte Bilder aus der Vergangenheit schlichen sich zurück in meine Gedanken, als ich die Leute auf der Straße beobachtete. Ich hatte nie unter ihnen gelebt, schien sie aber seit Jahren zu kennen. Dieses Wiedererkennen des Ungesehenen nahm ich als Zeichen, das nicht ignoriert werden sollte, und ich fing an, in jedem Gesicht, an jeder Wand und in jedem Detail nach einem Hinweis zu suchen ...

Eines Nachts, als ich durch einen halberleuchteten Straßenmarkt in Casablanca wanderte, sah ich einen Mann, der allein in einem abgetragenen Anzug dastand. Ich hielt an, um ihn und das, was er verkaufte, anzuschauen. Seine Augen wiesen alle Zeichen trauriger Würde auf, und zu seinen Füßen, auf dem Boden, befand sich ein kleines weißes Taschentuch mit vier Steinen, in jeder Ecke einer, damit der Wind es nicht davontrage. In der Mitte lagen Waren: zwei rostige Schrauben und eine glänzende Mutter, sorgfältig ange-ordnet in Form einer Pyramide. Ich hatte Angst, daß alles, was ich empfand, ausgelöscht werden könnte, wenn ich die Kamera vor meine Augen nahm, also mußte sich mir jene Szene für immer in meiner Erinnerung eingraben. Ich weiß nicht, warum ich immer wieder zu jenen Plätzen ging. In Portugal schien nichts, was ich über das Gesehene erzählte, bei den Zuhörern Interesse her-vorzurufen. Wie sollte es auch, waren sie nicht von der katholischen Kirche indoktriniert und durch vierzigjährigen Faschismus behindert worden? Noch immer verweilten sie in Gedanken bei ihrem Unmut über eine Schlacht in der Vergangenheit, die sie irgendwo im flachen Land von K'sar el-Kbir geführt und verloren hatten. Das Schlimmste von allem war, daß sie noch immer auf die Rückkehr des jungen toten Königs warteten, der von den Ungläubigen umgebracht worden war. Vielleicht war das der Grund, warum ich immer wieder zu jenen Orten ging. Irgendwie fühlte ich mich selbst wie ein Ungläubiger, meinem Land, meiner Sprache, meiner Vergangenheit entfremdet.

Von meinem Heimatland war mir nur die Kindheit geblieben, und selbst die lag, in Gestalt eines Familienalbums, ganz unten in einer Schublade im Haus meiner Eltern. Tödliche Erinnerungen. Gesichter, Daten und Orte, die sorgfältig für die Nachwelt zusammengeleimt worden waren. Wenn sie doch bloß ihre Autos und Fernsehgeräte mit derselben Bescheidenheit verkaufen könnten wie der Mann seine rostigen Nägel ... Inzwischen wußte ich, daß alles, worum ich mich sorgte, war: das Wesen des Ganzen herauszudestillieren. Der Geist des Ortes war fleischgewordener Staub. Er lag auf den Stiefeln nach einer Tageswanderung durch die Wüste. Die Stille der Verlassenheit.

Jedesmal, wenn ich fortging, wurde die Tasche leichter. Jedesmal, wenn ich zurückkam, war meine Seele von reicheren Eindrücken erfüllt.

Mittlerweile lebte ich in einem anderen Land, zusammen mit einer Frau, die, merkwürdig genug, in Casablanca geboren war. Und wieder vernahm ich aus den Reden der Leute die Furcht und den Rassismus gegenüber der arabischen Welt, die ich lieben gelernt hatte. Ich wußte, daß sie noch immer bei den alten Wunden verweilten, Algerien, massive Einwanderung und Terrorismus. Sie hatten den Mann mit dem weißen Taschentuch nicht gesehen ...

Ich spürte, daß ich manchmal auf einem Drahtseil lief, weit über Wirklichkeit und Politik. Einsam. Ich sprach kein Wort Arabisch, aber das war niemals ein Problem gewesen. Augenkontakt hatte es ersetzt, und das war, was zählte. Die Menschen blicken einander direkt in die Augen. Akzeptieren die Unterschiede. Sind gleich. Teilen Beförderungsmittel, Essen, Wasser und Zigaretten.

Ich hatte die Schönheit von Gizeh und die Herrlichkeit von Ar Rub' al-Khali gesehen. War durch den Souk von Aleppo gewandert und hatte die Herbheit von Wadi Rum erlebt. Hatte in der Oase von Seiyun getrunken und dem Vollmond über der Wüste Hadhramaut Versprechungen gemacht. Ich fühlte mich, als könnte ich weiter und immer weiter gehen, bis zu dem Punkt, da ich in der Landschaft Selbstmord begehen könnte.

Eines Tages betrat ich in Shibām ein Teehaus, um mich vor der Hitze zu flüchten. Ich hatte schon eine Weile dagesessen und nachgedacht über die Richtung, die ich einschlagen wollte, als ein Mann hereinkam und sich an dem Tisch gegenüber niederließ. Wir sahen einander so ähnlich, daß ich den Eindruck hatte, als blickte ich in mein eigenes Spiegelbild.

Ich dachte an den Mann in Casablanca, von vor zwölf Jahren.

Der gleiche Ausdruck der Augen, die gleiche ruhige Verzweiflung.

Der Kreis war komplett. Meine Suche war vorüber. Ich hob die Kamera an mein Auge. Nichts konnte noch irgend etwas auslöschen.

Da wußte ich, daß ich schon lange aufgehört hatte, ein Ungläubiger zu sein, und daß es Zeit war, nach Hause zurückzukehren und mit den alten Geistern Frieden zu schließen.

Giza, Egypt 1992

Marrakech, Morocco 1983

Sahara, Morocco 1983

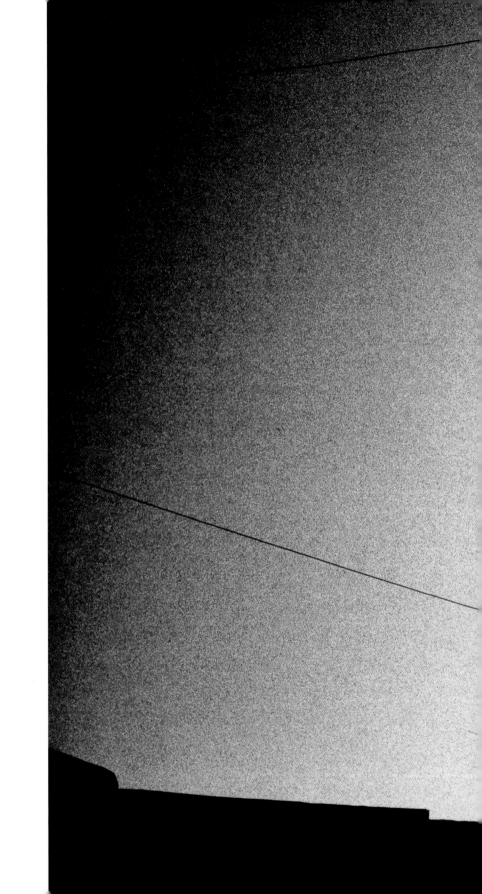

Meknès, Morocco 1983

Damascus, Syria 1994

Cairo, Egypt 1992

Goulimine, Morocco 1983

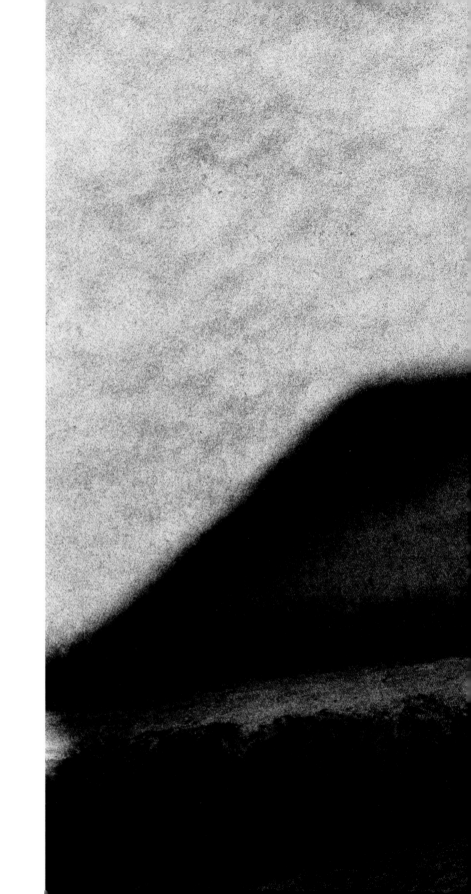

Seiyun, Yemen 1995

Cairo, Egypt 1992

Cairo, Egypt 1992

Nouakchott, Mauritania 1990

Cairo, Egypt 1992

Cairo, Egypt 1992

Giza, Egypt 1992

Nouakchott, Mauritania 1990

Nouakchott, Mauritania, 1990

Disi Station, Jordan 1994

Disi Station, Jordan 1994

Nouakchott, Mauritania 1990

Wadi Rum, Jordan 1994

Wadi Rum, Jordan 1994

Wadi Rum, Jordan 1994

Cairo, Egypt 1992

Cairo, Egypt 1992

Cairo, Egypt 1992

Disi Station, Jordan 1994

Palmyra, Syria 1994

Shibām, Yemen 1995

Terim, Yemen 1995

Damascus, Syria 1994

Damascus, Syria 1994

Damascus, Syria 1994

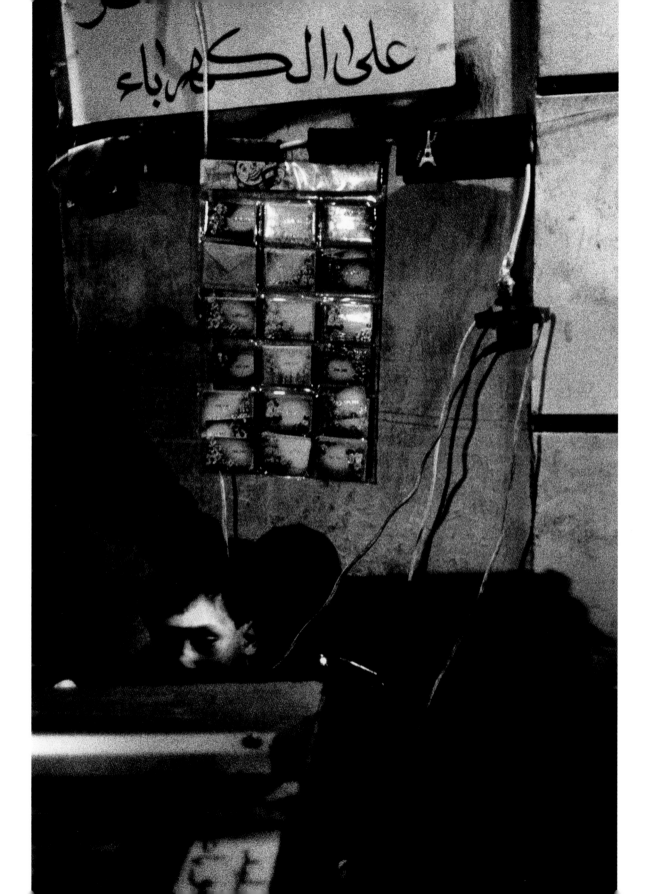

Damascus, Syria 1994

Sana', Yemen 1995

Sana', Yemen 1995

Cairo, Egypt 1992

Cairo, Egypt 1992

Tangier, Morocco 1983

Marrakech, Morocco 1983

Beirut, Lebanon 1994

Cairo, Egypt 1992

Cairo, Egypt 1992

Damascus, Syria 1994

Aleppo, Syria 1994

Aleppo, Syria 1994

Cairo, Egypt 1992

Damascus, Syria 1994

Many thanks to my parents, Luís and Maria, for their trust and blind faith over the years and to Caroline Parent, for her encouragement, patience and love ● Je remercie du fond du cœur mes parents, Luís et Maria, pour leur confiance et leur foi aveugle au cours de toutes ces années, et Caroline Parent pour son encouragement, sa patience et son amour ● Vielen Dank meinen Eltern, Luís und Maria, für ihr jahrelanges Vertrauen und ihre große Zuversicht, und an Caroline Parent für ihre Ermutigung, Geduld und Liebe.

To my friends ● Je remercie mes amis ● Meinen Freunden: Laura Sérani, Jorge Calado, António Sena, Jean-Baptiste Harang, Machiel Botman, Stéphane Duroy, Martine Voyeux, Stanley Greene and Philippe Salaün, who have always been there ● qui ont toujours été là ● die immer da waren.

I also wish to express my gratitude to all those that have helped me in seeing this project through ● Je souhaite également exprimer ma gratitude envers tous ceux et toutes celles qui m'ont aidé à mener à bien ce projet ● Ich möchte auch all jenen danken, die mir bei der Durchführung dieses Projektes geholfen haben: Agnés de Gouvion St. Cyr, Claudine Maugendre, Christian Caujolle, Serge François, Pierre Devin, Jean-Luc Monterosso, Brigitte Ollier, Sophie Malexis, Suzanne Howard, Albano Pereira, Jean-Charles Leyris, José de Monterroso Teixeira, Isabelle Stassart, Frédérique Deschamps, Maya Arriz Tamza, Noël Favreliére,

Roland Crema, Dina Haidar and all those left unnamed that crossed my path on those Arab journeys, making these pictures possible ● et toutes les personnes sans nom qui ont croisé mon chemin lors de ces séjours arabes et qui ont permis de réaliser ses images ● und all jenen, die ungenannt bleiben und die meinen Weg auf diesen arabischen Reisen gekreuzt und diese Bilder erst ermöglicht haben.

This work was supported in part by a Villa Médicis Hors-les-Murs grant from the Ministry of Foreign Affairs, Paris ● Ce travail a partiellement bénéficié du soutien d'une bourse Villa Médicis Hors-les-Murs du Ministère des Affaires Etrangères, Paris ● Diese Arbeit wurde von einem Villa Médicis Hors-les-Murs-Stipendium des Ministeriums für Auswärtige Angelegenheiten, Paris, gefördert.

All the pictures were taken with Leica M cameras, and I wish to thank Leica, Solms for their sponsorship ● Toutes les images ont été prises avec des appareils Leica M et je souhaite remercier Leica, Solms, de leur soutien ● Alle Aufnahmen wurden mit Leica M-Kameras gemacht. Besten Dank an Leica, Solms, für ihre Unterstützung.

Paulo Nozolino

الظليل